LE CHATEAU D'AUX

EN 1794.

RECTIFICATION HISTORIQUE

CONCERNANT LA RÉVOLUTION,

PAR M. DUGAST-MATIFEUX,

Secrétaire de la Société Académique de Nantes.

« On doit le dire à la décharge de la révolution : Les proscriptions et les assassinats qui l'ensanglantèrent, furent d'exécrables *représailles* contre d'exécrables assassinats. »

(LAMARTINE, *Histoire des Constituants,* tom. IV, p. 240.)

Il a paru, dans le 1er n° de la nouvelle *Revue de Bretagne et Vendée*, un article remarquable de critique littéraire sur les dernières poésies de M. Victor Hugo (*les Contemplations*). Cet article a pour auteur M. Edmond Biré, jeune avocat du Barreau de Nantes, qui, joignant l'utile à l'agréable, sait allier à la grave méditation des lois et aux travaux de la plaidoirie des goûts poétiques. Le chancelier L'Hôpital cultivait les muses en même temps qu'il servait l'État. Il y a temps pour tout quand on sait bien l'employer. Quoique les recherches historiques soient devenues l'objet principal et presque exclusif de nos études, nous n'avons pas moins goûté ce travail. Aussi, malgré notre incompétence en fait de littérature proprement dite, nous lui donnons, pour ce qu'elle vaut, à peu près notre approbation. Il nous paraît être à la fois l'œuvre d'un homme d'esprit et d'un bon esprit, qui s'inspire de la saine tradition pour apprécier les écrits modernes. Mais si nous souscrivons presque en tout au corps de l'article, en tant que critique littéraire, nous faisons une réserve expresse sur le préambule qui est de l'histoire. Toutefois, avant de le soumettre à la discussion, il importe de le reproduire, pour rendre ensuite le lecteur lui-même juge de cette réserve.

« Quelque temps après la défaite des Vendéens à Savenay (décembre 1793), dit M. Biré, Carrier fit arrêter, aux portes mêmes de Nantes, à Bouguenais, sept ou huit cents paysans. Conduits au château d'Aux, ces malheureux furent fusillés sans autre forme de procès.

» Un jeune officier de l'armée républicaine fit d'inutiles efforts pour empêcher cette boucherie. Il refusa d'obtempérer aux ordres du proconsul et protesta énergiquement contre leur atrocité; mais il ne put entraîner ses soldats, auxquels il laissa du moins tout l'odieux d'une pareille exécution. Lorsque Carrier apprit ces détails, il dit froidement : « Dès que je n'aurai plus de brigands à étouffer, on tuera les patriotes de la façon de ce monsieur-là. Pour la révolution, ils sont aussi dangereux que les autres. »

» Ce jeune et généreux *patriote*, qui entendait ses devoirs d'une autre façon que Carrier, était le capitaine Léopold Hugo, mort en 1828 lieutenant-général des armées du Roi (1). » (*Revue de Bretagne et Vendée*, 1re livraison de janvier 1857, p. 31.)

---

(1) Lieutenant-général en retraite, s'il vous plaît. Léopold Hugo était officier général depuis 1809, et les Bourbons brisèrent son épée pour avoir défendu Thionville, en 1814 et 1815, contre nos amis les ennemis prussiens. En s'exprimant comme il le fait, M. Biré donnerait indirectement à entendre que, pour être généreux dans la Révolution, il fallait recéler le royalisme en puissance. Prouvons-lui qu'il n'en est rien.

Avant de procéder à la démonstration de toutes les erreurs renfermées dans ces quelques lignes, établissons bien la position que nous voulons prendre. Ce n'est point une leçon que nous prétendons administrer; nous savons trop combien nous sommes faillible nous-même. Nous reconnaissons, en outre, l'entière bonne foi de l'auteur. M. Biré est un légiste habile et un lettré de bon aloi; ce n'est pas un érudit de profession, un savant en *us*. Il a d'ailleurs la révolution trop en horreur, pour l'avoir jamais étudiée, quoiqu'elle l'ait tiré, lui ou les siens, comme tant d'autres ingrats, de la condition subalterne où les refoulait la vieille aristocratie. Il ignorait que le général Léopold Hugo, père de l'illustre poète, eût laissé des *Mémoires* imprimés, lesquels se trouvent même, par parenthèse, à la Bibliothèque publique de cette ville, et où est raconté le fait en question, mais d'une tout autre manière. Dès-lors, il ne les a pas consultés; il s'est borné à recourir à *la Commune et la Milice de Nantes*, par Mellinet, qui place seulement dans la bouche de Carrier les paroles susdites qu'il n'a jamais prononcées (tom. VIII, p. 392), et surtout au livre illustré de M. Pitre Chevalier, dont voici le texte :

« Reposons enfin nos yeux sur les hommes de cœur qui osèrent lever la tête quand chacun était à plat ventre, et quand toute tête

---

La scène se passe à Paris, en décembre 1820 : « Dernièrement, je venais de soutenir ardemment, en présence de mon père, mes opinions vendéennes. Mon père m'a écouté parler en silence, puis il s'est tourné vers le général L*** qui était là, et il lui a dit : « Laissez faire le temps. L'enfant est de l'opinion de sa mère, l'homme sera de l'opinion de son père. » (*Littérature et philosophie mêlées, par Vict. Hugo, de l'Académie française, p.* 131; Paris, Charpentier, 1841, in-12.)

On le voit : le général Hugo n'est pas seulement mort en vieux soldat de la République, il a été prophète, car tel père, tel fils, et ce n'est pas un petit honneur pour la démocratie que de compter dans ses rangs le plus grand poète des temps modernes.

qui s'élevait ainsi tombait sous le couperet du Tarquin de Nantes. Citons d'abord un noble nom, si glorieux aujourd'hui, celui de l'officier républicain Hugo, père de notre grand poète. Carrier avait ordonné de massacrer, au château d'Aux, sept ou huit cents paysans de Bouguenais, qui venaient de déposer les armes sous la promesse d'une amnistie. Le jeune Hugo défend à ses soldats d'obéir au proconsul. Moins héroïques que lui, ses soldats n'osent jouer ainsi leurs têtes. Il proteste, il lutte contre eux, et ne se retire que devant la force, en disant : « Vous n'êtes plus mes soldats, vous êtes les soldats de Carrier ! » — « Quand je n'aurai plus de brigands à étouffer, s'écrie le représentant à cette nouvelle, je fusillerai les patriotes de la façon de ce monsieur-là. Ils sont aussi dangereux que les autres. » Si Carrier avait eu le temps d'exécuter cette menace, la France perdait Victor Hugo. » (*Bretagne et Vendée, histoire de la Révolution dans l'Ouest*, pag. 520-21 ; Paris, Coquebert, 184 , gr. in-8.)

Ainsi, d'après M. Chevalier, suivi par M. Biré, il s'agit d'une boucherie de sept ou huit cents paysans, exécutés sans jugement au château d'Aux, par l'ordre de Carrier, quelque temps après la bataille de Savenay, en décembre 1793. La chose est présentée avec une naïve désinvolture comme indubitable. Commençons par poser en fait que, de tout cela, il n'y a pas un mot d'exact ; et, tout en nous associant de cœur au juste regret exprimé pour la France, si elle eût perdu Victor Hugo, constatons qu'il n'a pas le moindre fondement. Le général, son père, ne courut risque de la vie que de la part des ennemis de la révolution, en Vendée, où il fut blessé grièvement à deux reprises (1). D'abord, au lieu

(1) « Touché dans mes habits par dix-sept coups de mitraille et par une balle qui m'avait fracassé le pied dans toute sa longueur, on ne m'emporta sur Vihiers qu'au moment où l'ennemi s'en rendait maître : c'était ma seconde blessure depuis le commencement de la guerre. » (*Mémoires du général Hugo*, tom. 1er, p. 15 ; Paris, Ladvocat, 1823, 3 vol. in-8.)

de sept ou huit cents paysans fusillés sans autre forme de procès (1), il n'y en eût réellement que 209, qui furent fusillés, il est vrai, mais après avoir été jugés; non par l'ordre de Carrier, qui n'était plus à Nantes depuis longtemps, mais par celui des chefs militaires qui les avaient arrêtés en représailles d'horribles assassinats commis précédemment; non quelque temps après la bataille de Savenay, en décembre 1793, mais les 13 et 14 germinal an II, correspondant aux 2 et 3 avril 1794. Cette date est parfaitement connue; elle est restée gravée dans les souvenirs du pays. Elle est d'ailleurs inscrite sur une plaque d'ardoise, incrustée au pied de la croix du cimetière de Bouguenais, où on lit : AUX VICTIMES DE LA RELIGION ET DE LA ROYAUTÉ IMMOLÉES EN AVRIL 1794.

On sait que le château d'Aux ou d'O, nommé aussi la Hibaudière, est situé commune de Saint-Jean-de-Boiseau, dans une magnifique et forte position sur la Loire. Un camp y fut établi dans le courant de 1793, par suite de l'insurrection de la Vendée, à l'effet de couvrir la belle fonderie nationale d'Indret, particulièrement affectée au service de l'artillerie de la marine (2),

---

(1) En 1816, du temps de Cardaillac, le *Carrier blanc*, ce n'était que 400 victimes. Voir nº V des *pièces justificatives*, la relation de la cérémonie funèbre qui eut lieu à cette époque à Bouguenais. Quelques années après, M. le vicomte Walsh lui-même les réduisait, d'après le général Hugo, à 270, dans ses *Lettres vendéennes* (XLIe). Depuis lors, c'est 7 ou 800. Pour peu que la progression continuât, on ne sait où elle s'arrêterait. Il est temps de ramener ces dernières exagérations au chiffre mathématique du jugement, 209, qui n'est déjà que trop cruel. Voir nº II des *pièces*.

(2) « La commodité du transport fit établir une fonderie royale de canons à Indret en 1778. Ils étaient fondus pleins et ensuite forés par un moulin à eau construit sur la Loire. Un Anglais était directeur de cette fonderie; le Gouvernement lui payait 27,000 liv. de traitement par an, avec

et d'en faire un centre d'opérations militaires contre les insurgés du pays de Rais. L'adjudant-major Hugo, l'un de ces anciens sous-officiers qui portaient déjà le bâton de maréchal de France dans leurs gibernes, depuis que la révolution avait ouvert la carrière aux talents et au courage, chez le peuple du monde le plus apte à tout par son éducation et son caractère, l'adjudant-major Hugo fut chargé, à son retour de la Vendée, où il avait reçu deux blessures, de retrancher ce camp et de le mettre à l'abri d'un coup de main. Bientôt après il y remplit les fonctions de chef d'état-major. La garnison qui l'occupait était composée de la légion Nantaise, du 77e régiment ci-devant La Marck, du 8e bataillon du Bas-Rhin, des 11e et 12e bataillons de Paris, du 25e de la Charente-Inférieure, du 13e bataillon de Seine-et-Oise, du 3e des Côtes-du-Nord et du 8e de la Seine-Inférieure. La cavalerie consistait uniquement dans les grenadiers du 8e du Bas-Rhin, et l'artillerie était desservie par le même corps et par des canonniers détachés d'Indret. Il y avait aussi un noyau de réfugiés du pays, hommes très-ardents pour la plupart, trop ardents même, tels que Beilver, de Bouaye, par exemple, qui servaient principalement de guides dans les expéditions (1). Ainsi presque toute

---

promesse de 200,000 liv. à la perfection de l'ouvrage. Cet établissement coûte au roi deux à trois millions. » (*Continuation inédite de l'Histoire de Nantes*, de Travers, *par Proust*, *doyen de la Chambre des Comptes de Bretagne*; ms. appartenant à M. Bizeul, de Blain.)

« Cette fonderie, établie en 1778, dans la rivière de Nantes, pour le service de la marine, est une des plus intéressantes manufactures du royaume, tant par son objet que par ses moyens. » (*Étrennes Nantaises pour* 1792, pag. 66; Nantes, Despilly, in-18.)

(1) Voir le *Mémoire pour Joseph Beilver*, *maréchal des logis des guides de l'armée de l'Ouest*, *adressé à la Convention nationale et à tous les républicains français*, rédigé par Léonard Leblois, défenseur officieux. Nantes, Hérault, an III républicain, in-4° de 25 pages.

cette force militaire se composait de volontaires nationaux, de ces intrépides et sublimes volontaires de 92, qu'a burinés le ciseau de Rude, parmi lesquels on comptait beaucoup de pères de famille, qui avaient abandonné femmes et enfants pour la patrie (1).

« Tel était alors l'état de la guerre dans notre arrondissement, dit le général Hugo lui-même dans ses *Mémoires*, que, quoiqu'il ne s'y trouvât intérieurement aucune troupe ennemie à poste fixe, on ne pouvait y risquer ni ordonnances, ni petits détachements, sans les exposer à une destruction complète. Depuis longtemps on ne faisait plus de prisonniers d'un côté ni de l'autre; partout on combattait pour vaincre ou pour mourir.

» L'arrondissement du château d'O concourait aux opérations des arrondissements voisins; on marchait de différents points sur les rassemblements ennemis, et, dans ces opérations, il fallait une exactitude mathématique, sans quoi le premier déta-

---

(1) Le chef-d'œuvre de ce grand artiste, et peut-être le chef-d'œuvre de la statuaire française au dix-neuvième siècle, est cet admirable *Départ des volontaires de* 92, sculpté sur un des piliers de l'arc de triomphe de l'Étoile, à Paris. La Marseillaise, les aîles étendues, les cheveux épars, les bras éperdûment levés, s'écrie : *Aux armes, citoyens !* Les guerriers de tout âge marchent à la frontière, qu'elle montre de la pointe de son glaive. A l'électrisant refrain de l'hymne révolutionnaire, qui emporte les défenseurs de la République, se mêlent le cliquetis des armes, le hennissement des chevaux et le frissonnement des étendards. On sent, en voyant cette composition, que le cœur de la patrie tout entière battait dans le cœur de chacun.

Entre tous les exemples de dévoûment dont fourmille cette époque héroïque, le plus mémorable peut-être fut donné par un vieillard de 74 ans, Louis Gautret, de Clisson, qui partit comme volontaire porte-drapeau dans le second bataillon de Nantes. Fait prisonnier par les Espagnols, il finit sa vie à Burgos. Honneur à ce vétéran de 92 !

chement arrivé courait risque d'être anéanti avant la jonction des autres. » (tom. 1er, p. 21.)

Le bonheur avait couronné toutes les tentatives qui avaient eu lieu jusque-là, lorsqu'une expédition, composée de forces insuffisantes, sous le commandement du capitaine Mercadier, du 12e bataillon de Paris, eut l'issue la plus funeste. Ce détachement, qui était fort de deux cents hommes seulement, ayant été dirigé sur Vue, par l'ordre du général en chef Vimeux, pour rouvrir les communications avec Paimbœuf, fut taillé en pièces, et il eut même été totalement anéanti, sans l'avis officieux d'un paysan patriote de Saint-Jean-de-Boiseau, donné au camp. Une autre colonne, formée à la hâte, des gardes rassemblés, se porta aussitôt, par les traverses, à son secours, et parvint à en sauver les débris, réduits à soixante-dix hommes. « Le capitaine Mercadier, tous ses officiers et cent vingt-trois sous-officiers et soldats, avaient été tués ou pris. Un bruit, que rien n'a encore démenti, ajoute le général Hugo, courut que ce malheureux capitaine et le lieutenant Lévêque avaient été martyrisés dans Rouans. » (pag. 33).

On comprend quelle exaspération et quels affreux désirs de vengeance devaient laisser au cœur de camarades survivants de pareilles mutilations. Un autre fait servira encore à les expliquer ; il me vient de bonne source, je le tiens de mon père, qui, lui aussi, quoique fonctionnaire civil, portait alors les armes pour la République. Dans une sortie faite du côté de Saint-Fulgent, par la garnison de Montaigu-Vendée, un peloton, qui était quelque peu engagé dans les terres, rencontra, sur le chemin de Puygreffier, le cadavre d'un soldat républicain qu'on reconnut. Il avait le ventre brûlé par un brâsier éteint, et le corps, examiné avec soin, ne présenta aucune autre blessure grave. Telle était la barbarie des traitements exercés par les paysans sur les prisonniers, surtout par ceux de la basse

Vendée, plus féroces encore que les autres (1), que les républicains se tuaient eux-mêmes pour ne pas tomber vivants entre leurs mains. C'est ainsi que les deux braves généraux Haxo et Moulin se brûlèrent la cervelle, pour échapper à une extrémité qu'ils jugeaient pire que la mort (2).

---

(1) Mme de la Rochejacquelin le reconnaît elle-même dans ses *Mémoires* : « Les révoltés du district de Machecoul eurent encore de plus grands succès, dit-elle, mais ils en usèrent pour faire des atrocités, etc. » (Chap. IV.) C'étaient les dignes héritiers des Bas-Poitevins, qui s'écriaient, en 1622, dans leur chant catholique populaire sur la déconfiture de Soubise et de ses gens, dans l'île de Rié :

Vertu Dé ! la grond boucherie
Quo lan fut fat dan in journau !
Y cré que pu de quatre mille
Furant guery de tou lour mau.
Vive le Ré, netre bon sire !
O n'en fut jamez in itau.

Quond y ontondy la huée
Et la chasse dos parpaillaux (huguenots),
Y ve pris ma gronde cougnée
Et lez fandez quem' naviaux.
Vive le Ré, etc.

La gente Poitevin'rie, tot de nouvea rencontrie, divisie in beacot de peces, 2e part., pag. 36. A Poeters, pre Jou Fleurea, amprimour et librére, 1660, pet. in-12.

(2) Enthousiasmée de ces traits, la Convention décréta qu'il serait élevé à Tiffauges un monument à la mémoire du général Moulin, et que les noms d'Haxo et de Moulin seraient placés en tête d'une colonne de marbre, élevée dans le Panthéon, avec cette inscription : ILS SE DONNÈRENT LA MORT, POUR NE PAS TOMBER ENTRE LES MAINS DES BRIGANDS.

Le frère aîné de Moulin devint ensuite l'un des cinq directeurs de la République française. — Haxo, au rapport d'Aubertin, citait souvent ces vers philanthropiques du chantre de la Pharsale :

.... *Unica belli*
Prœmia civilis, victis donare salutem. (LUCAN.)

« On peut avancer, dit à ce sujet un autre témoin oculaire, le général Aubertin, dont les *Mémoires* ont été publiés sous la Restauration, avec ceux de son confrère d'armes Hugo, ce qui impliquerait plutôt de l'atténuation que de l'exagération de leur part; on peut avancer avec certitude, que les actes de cruauté exercés dans cette guerre, par le parti vendéen, surpassent ceux commis par le parti républicain (nous n'entendons parler ici que des troupes). Les deux partis avaient cela de commun, qu'ils mettaient à mort leurs prisonniers; mais les soldats républicains ne faisaient usage que de leurs armes pour ces exécutions, qu'on leur commandait légalement, si l'on peut toutefois employer cette expression; tandis que les Vendéens torturaient souvent leurs prisonniers de la manière la plus affreuse. Pour des hommes que leur profession habitue à braver la mort sur le champ de bataille, le supplice de la fusillade n'est rien; mais une souffrance prolongée, les terribles angoisses d'une longue et cruelle agonie, voilà ce que chaque soldat de l'armée républicaine avait à redouter. Combien d'officiers, de chefs, de généraux même, se sont donné la mort volontairement, plutôt que de tomber entre les mains des Vendéens. Presque tous avaient un *pistolet* destiné à cette fin; ils le portaient constamment sur eux, et se tenaient prêts à en faire usage.

» On a beaucoup calomnié les troupes républicaines; on a exagéré les excès qu'elles ont commis. Nous ne voulons pas atténuer ces excès; ils ont été nombreux et bien condamnables. Mais le soldat n'a-t-il pas été excité et entraîné par l'exemple de ses adversaires?.... Si les chefs républicains se décidèrent à mettre à mort leurs prisonniers, ce ne fut que par représailles, et parce que Charette, le premier, leur en avait donné le funeste et terrible exemple. (Voir *Pièces justificatives*, n° I.) Les paysans vendéens, naguère doux, humains, hospitaliers, étaient devenus encore plus féroces que leur général. Ils exerçaient sur les prisonniers tombés entre leurs mains, tous les genres de torture avant de les fusiller. » (Pag. 121, 122 et 168.)

L'illustre général Kléber, racontant la campagne de l'armée de Mayence dans ces mêmes parages, dit à son tour, avec l'accent de tristesse que devait éprouver un cœur français : « Je ne pus m'empêcher de gémir sur le sort de ces infortunés habitants qui, de paisibles citoyens qu'ils étaient, égarés et fanatisés par leurs prêtres, devinrent autant de forcenés altérés du sang humain, et qui, repoussant d'une main rebelle les bienfaits qu'un nouvel ordre de choses venait leur offrir, couraient à leur ruine et à leur destruction certaine. » (SAVARY, *Guerres des vendéens et des chouans contre la République, tom. II, p.* 140.)

Mais ce n'était pas seulement à subir les longs et cruels supplices des anciens martyrs, que les républicains étaient exposés avec les Vendéens ; sortaient-ils seuls ou en petit nombre de leurs retranchements, ils couraient risque d'être tués par un ennemi caché dans les broussailles, sans pouvoir du moins disputer et vendre leur vie. Nous avons connu un réfugié de Montaigu qui fut manqué d'un coup de feu, en prenant l'air dans l'avenue du château d'Aux. S'avançaient-ils dans les terres ou même sur une route, ils périssaient livrés par les femmes et les enfants fanatisés, qui les signalaient aux rebelles sans qu'ils s'en aperçussent, ou trompés par les apparences. Ils rencontraient, en effet, des paysans qui paraissaient s'occuper d'agriculture ; ils les prenaient pour des cultivateurs, et c'étaient souvent des assassins. C'est ainsi qu'eut lieu le plus horrible meurtre de guet-apens dont les annales du fanatisme religieux et de l'égarement politique puissent faire mention.

« Un paysan de Sion travaillait dans les terres voisines de la route de Rennes, et tenait caché près de lui un fusil chargé à balles. Un soldat convalescent d'un coup de feu reçu à l'armée du Rhin, allait se rétablir chez son père, et malgré tous les conseils de ne pas dépasser l'escorte de la diligence, s'en était séparé à la vue de son village: le paysan le voyant venir, s'embusque, l'ajuste et l'étend sans vie. A peine le vit-il en cet état qu'il courut avec sa femme pour dépouiller sa victime : un portefeuille contenant une feuille de route et un havresac mal garni forment le seul butin qu'elle leur présenta. L'escorte de la diligence ayant paru presque aussitôt après cet assassinat, le paysan et sa femme se sauvèrent, et on ne put les rejoindre, parce que les troupes ne pouvaient s'attacher à leur poursuite. Rendus chez eux, un voisin leur lut la feuille de route, et ils y reconnurent le nom et le signalement de leur fils unique. Alors la mère se précipita sur un couteau, et le père, dans un égal désespoir, alla lui-même se livrer à la justice.» (*Ibid. p.* 54.)

Au récit du général Hugo, joignons le témoignage d'un écrivain royaliste, ancien vicaire-général de Luçon, émigré, depuis évêque d'Orléans. Il vient de s'agir d'un fils, il s'agit maintenant d'un maître.

« Les habitants non royalistes qui avaient quitté la Vendée, y rentrèrent en grand nombre (1796). A cette occasion, il arriva près de moi une bien triste aventure. Un propriétaire des environs de la Roche-Servière, voulant rentrer, avait fait donner l'ordre à ses fermiers de venir à Nantes chercher ses effets sur sept ou huit charrettes : il accompagna lui-même, à cheval, ce convoi assez nombreux. Pendant tout le voyage, il ne cessait de parcourir cette ligne de charriots, insultant les pauvres Vendéens et leur reprochant, avec les expressions les plus mortifiantes, l'inutilité de leur insurrection. Pendant deux jours, les paysans ne répondirent rien à ces odieuses provocations : arrivés au milieu du Bocage, ces insultes continuant toujours, les fermiers prièrent leur maître de cesser ses propos injurieux. Il n'en tint aucun compte et redoubla encore ses invectives. Elles irritèrent enfin ces cœurs vendéens, et tous ces hommes se rapprochant spontanément du républicain : « Monsieur notre maître, lui crièrent-ils, ne badinez pas davantage ! » Celui-ci aurait dû comprendre toute l'indignation qui brillait dans leurs regards et en redouter les suites. Loin de là, il se mit en colère et s'emporta en menaces : « Le temps est venu, leur cria-t-il, où vous allez payer votre révolte. » Alors les paysans l'entourent, lui ordonnent de descendre de cheval : il refuse, on le renverse. « Faites votre acte de contrition, lui dirent-ils. » Et après lui en avoir donné le temps, sans lui dire une parole, ils l'assommèrent.

» Ce ne fut pas le seul événement de ce genre ; bien d'autres provocations semblables eurent les mêmes suites, et on en vit surtout des exemples pendant la fausse paix de la Jaunaie. Les bleus s'introduisaient alors isolément dans la Vendée, et contre les articles du traité de paix, pour y piller et rançonner les fermes où ils ne trouvaient que des femmes ; celles-ci allaient avertir les Vendéens, qui accouraient, assommaient les bleus et les enterraient. Il est mort de cette manière près de huit cents soldats républicains. » (*Mémoires de Mgr Brumault de Beauregard, évêque d'Orléans, tom. II, p.* 134-36 ; *Poitiers, Saurin,* **1842**, 2 *vol. in*-12.)

Nous laissons de côté ce qui est invraisemblable dans le récit du prêtre réfractaire, telles que les provocations alléguées, pour nous borner au fait : *assommer*, au nombre : *huit cents soldats républicains*, et à l'époque : *après la paix de la Jaunaie.* Qu'était-ce donc pendant la guerre, grand Dieu ! Ah ! certes l'humanité en gémit, mais il y avait de quoi sortir des gonds. Les atrocités multipliées des chefs et paysans vendéens, jointes à leur perfidie, provoquèrent la terrible représaille dont le récit va suivre. Nous l'empruntons encore textuellement aux *Mémoires* du général Hugo, nous bornant à rectifier ses souvenirs au moyen de quelques notes.

« Tous les détachements qui se rendaient du château d'O à Nantes par la traverse qui passe sous Bouquenay (Bouguenais), étaient ordinairement attaqués par les habitants de cette commune. Notre cavalerie ayant souffert dans l'une de ces attaques, l'officier supérieur qui commandait la colonne dont elle faisait partie, se retira ; mais au lieu de rentrer au château, il revint de nuit sur Bouquenay, y prit 270 hommes et 22 jeunes filles qu'il nous amena le lendemain. Les écuries, les granges et les greniers, furent remplis de ces malheureux. Les jeunes filles furent déposées dans une chapelle : leur âge était de quinze à vingt-quatre ans. Tel était encore à cette époque l'état de cette affreuse guerre, qu'on ne tombait entre les mains de son ennemi que pour y recevoir la mort. Muscar, commandant du poste (1), embarrassé de ce douloureux trophée, demanda des instructions sur la conduite à tenir dans la circonstance. On lui répondit de garder les prisonniers, et qu'on allait lui envoyer des juges pour examiner leur conduite. Mais, avant l'arrivée de ce tribunal, des ordres nous parvinrent de jeter beaucoup de petites colonnes dans la campagne, et je me trouvai presque seul dans le château, avec un grand nombre de malheureux qui ne se firent remarquer que par leur douce résignation. Je leur parlais du désir que j'avais de les voir libres, mais tranquilles et livrés

(1) Il était, à la révolution, fourrier dans le régiment de Vivarais. « C'était, dit le général Aubertin, un officier d'une grande intelligence et d'une bravoure éprouvée. Dans une rencontre, il reçut un coup de feu qui le perça de part en part. On a vu ce chef, nommé quelques années après au commandement de la place d'Ostende, repousser avec succès un corps anglais qui venait de débarquer pour surprendre ce poste important. Muscar fit trois cents prisonniers en cette occasion. » (*Mémoires*, *etc.*, p. 144, et *Victoires et conquêtes*, *etc.*, tom. VIII, p. 288.)

à la culture de leurs terres. Je leur peignais tous les maux qu'une conduite hostile devait nécessairement attirer sur leurs cantons, et tous me promettaient de suivre mes conseils, s'ils avaient le bonheur d'échapper au malheur qui les menaçait.

» Quelques détachements rentrèrent et nous amenèrent un tribunal spécial nommé à Nantes pour juger nos prisonniers (1).

(1) Le tribunal qui jugea ces malheureux n'avait point été nommé spécialement à Nantes, comme le supposait le général qui, stationnant au château d'Aux, n'était pas bien informé de ce qui se passait ailleurs. C'était la Commission militaire révolutionnaire, établie au Mans le 24 frimaire an II (14 décembre 1793), par les représentants du peuple Bourbotte, L. Turreau et Prieur de la Marne; ainsi, Carrier n'y était pour rien. Après y avoir siégé quelques jours, elle avait suivi l'armée victorieuse et était venue à Nantes, le 9 nivôse (29 décembre). Au mois d'avril 1794, époque où elle se transporta au château d'Aux, elle avait pour président François Bignon, nom qui est assez connu en cette ville; pour juges, Elzéar Aude, Louis-François-Antoine Chanterelle et Pierre Wolff; et, pour accusateur public, David Vaugeois, dont le frère, si nous ne nous trompons, présidait, sous l'Empire, le tribunal criminel du département de Sambre-et-Meuse, séant à Namur. Le registre des jugements rendus par cette Commission existe au greffe du tribunal de Nantes; les noms, âges, qualités et demeures des prévenus y sont inscrits; les réquisitoires de l'accusateur public y sont même quelquefois consignés en entier, précédant le dispositif du jugement. La plupart des pièces des procédures instruites, tant par elle que par le tribunal révolutionnaire du département, etc., sauf les pièces du procès du général Charette, qui ont été soustraites, sont également conservées. Tous les noms des habitants de Bouguenais, jugés les 13 et 14 germinal an II, sont d'ailleurs reproduits dans le *Dictionnaire des condamnés à mort*, de Prud'homme, preuve que si la répression fut terrible, elle eut lieu régulièrement. Cette affaire fut une des dernières que jugea la Commission militaire révolutionnaire établie au Mans; le décret du 19 floréal (8 mai), rendu sur le rapport de Couthon, étant venu mettre fin, un mois après, aux Commissions et tribunaux révolutionnaires particuliers des départements et près les armées.

A l'opinion qui régnait parmi ses membres, nous nous attendîmes tous à ne leur voir prononcer que la peine capitale. Mes fréquents entretiens avec ces prisonniers m'avaient inspiré pour eux un intérêt que leur simplicité et leurs promesses n'avaient fait qu'accroître. J'osai, au jour du jugement, me présenter devant le tribunal, non pour les défendre, on ne me l'eût point permis, mais pour demander qu'au lieu de les condamner à la mort, on les envoyât travailler dans les mines de l'intérieur de la France, jusqu'à la pacification qui ne pouvait tarder. Le tribunal m'écouta sans m'interrompre, et son président me répondit que rien n'autorisait les juges à prendre sur eux cette mesure de clémence.

» Je vis donc, après quelques courtes questions de pure forme, condamner ces 270 infortunés à la peine terrible à laquelle ils s'attendaient : on les conduisit à la mort par petites troupes, ils la reçurent avec calme, à côté des fosses ouvertes pour les recevoir. J'ai beaucoup fait la guerre, j'ai parcouru de vastes champs de bataille, jamais rien ne m'a tant frappé que le massacre de ces victimes de l'opinion et du fanatisme (1).

» A peine ces malheureux furent-ils condamnés, que le tribunal reçut ordre de retourner à Nantes. Le président pria Muscar de faire juger les jeunes filles par une commission militaire ; et cet officier, désirant les sauver, me nomma, quoique bien jeune

---

(1) Nous croyons qu'il y a erreur sur leur nombre véritable, de la part du général Hugo, de même qu'il écrit inexactement Bouquenay pour Bouguenais. En tout cas, il ne fut amené devant la Commission militaire et jugé par elle que 210 hommes, et comme l'un d'entre eux (n° 46), enfant de 13 ans, fut renvoyé, c'est à 209 qu'il faut borner le chiffre des victimes, au lieu de 270 ; ce qui concorde parfaitement avec le nombre exprimé dans la lettre du municipal Delormeau, rapportée n° III des pièces justificatives.

encore, pour présider ce tribunal, certain que je ne démentirais pas les sentiments d'humanité qu'il me connaissait. Il n'osa point influencer la nomination des autres membres, mais il me pria de tout faire pour les apitoyer sur les infortunées dont le sort était remis entre nos mains.

» Un vieux sous-lieutenant du 13e de Seine-et-Oise, nommé Fleury, s'il m'en souvient bien, homme sombre et taciturne, devant opiner le premier, je craignis que sa voix n'influençât défavorablement les autres juges, et je crus, avant de la lui demander, devoir, après la rentrée des prévenues dans la chapelle, représenter au tribunal qu'il était bien pénible pour des militaires, d'être appelés à prononcer sur le sort de malheureuses victimes de la guerre ; qu'il l'était plus encore quand les jugements devaient tomber sur des jeunes filles qui ne pouvaient avoir pris aucune part aux hostilités ; sur des infortunées qui toutes versaient déjà des larmes de sang par suite des événements affreux dont nous venions d'être témoins, et dont elles ne pouvaient douter, puisque tous les feux meurtriers avaient retenti jusqu'à elles. J'engageai les juges à bien se recueillir, à ne chercher aucun modèle de conduite, et à prononcer d'après leur cœur.

» Alors ce vieil officier, que je craignais tant, dit à haute voix et sans sortir de son caractère : « Je me suis fait militaire
» pour combattre des hommes et non pour assassiner des fem-
» mes. Je vote la mise en liberté des vingt-deux prévenues, et
» leur renvoi immédiat chez elles. »

» Cette opinion, qui m'aurait précipité dans les bras du brave homme si j'avais osé le faire, fut appuyée de suite par un lieutenant de la légion nantaise qui le suivait, et bientôt une heureuse unanimité ouvrit les portes de la chapelle à ces enfants tous à genoux ; à ce jeune troupeau qui aujourd'hui peut-être entretient encore de ses terreurs et de sa joie inespérée la nombreuse postérité qui doit en être issue.

» Muscar vint alors remercier le tribunal de sa généreuse conduite, et nous exprimer ses regrets que les 270 prisonniers qui venaient de périr n'eussent pas été soumis à un arrêt aussi doux que le nôtre. Cependant, qui le croirait, des hommes prévenus ou mal informés ont fait planer sur ce brave officier l'accusation d'avoir lui-même nommé le tribunal à qui Bouquenay doit sa dépopulation (1). »

Des récits fantastiques de MM. Pître Chevalier et Biré, démentis par le témoignage irrécusable du général Hugo qu'ils mettent en scène, dans un péril imaginaire, — témoignage confirmé par les pièces justificatives qui vont suivre, — nous tirerons cette moralité à l'usage de tous les gens de bonne foi : La révolution est un drame très compliqué, sur lequel le der-

---

(1) Une lettre écrite de la Hibaudière, le 7 germinal an II (27 mars 1794), vient confirmer le témoignage d'humanité rendu à son chef par le général Hugo :

Le commandant Muscar au général Vimeux.

J'ai dans les prisons douze brigandes condamnées à mort. Il y a dans ce nombre des mères qui ont des enfants à la mamelle; c'est ce qui m'a fait suspendre l'exécution de leur jugement. J'ai consulté, sur la conduite que j'avais à tenir, les représentants du peuple; ils ne m'ont pas encore répondu. Il est cependant urgent de tirer ces femmes de cette cruelle situation, etc.

MUSCAR.

D'après Savary, qui rapporte cette pièce, Muscar parvint à sauver ces malheureuses femmes, condamnées par nous ne savons quel tribunal, ni à quelle époque. (*Guerres des vendéens et des chouans contre la République*, *t. III*, *p.* 316-17.).

nier mot n'est point dit, notamment en ce qui concerne l'Ouest de la France. Il faut bien se garder, quand on en parle, de ne pas prendre des erreurs et souvent des mensonges pour la vérité. Par ce fait, on peut juger de la plupart des autres qui sont présentés à l'avenant. Cet article, du reste, n'est qu'un extrait d'un ouvrage considérable, entrepris en commun avec notre ami M. Benjamin Fillon, dans lequel on s'efforcera de tirer cette vérité du puits où l'a plongée l'esprit de parti. Encore un peu de temps, et il paraîtra sous ce titre : LA RÉPUBLIQUE ET LA VENDÉE. — *Histoire de la Révolution dans l'Ouest de la France, précédée d'un Essai sur le principe, l'origine et le but social de la guerre civile de la Vendée*, avec cette épigraphe qui était celle de l'historien de Thou : *Ne quid falsi audeat, ne quid veri non audeat*, ne rien oser dire de faux, et ne rien craindre dire de vrai.

PIÈCES JUSTIFICATIVES.

N°. I.

Initiative du meurtre prise par Charette.

A l'appui de ce que dit le général Aubertin, les faits ne manqueraient pas, depuis les massacres de Machecoul jusqu'à l'assassinat du curé de la Rabatelière ; mais on se bornera à cet extrait plus spécial d'un livre curieux et rare, quoique récent.

« Lors de la prise de Noirmoutiers, par Charette, le 12 octobre 1793, l'entrée du général vendéen dans la ville fut signalée par le massacre des militaires qui étaient à l'hôpital. Ces malheureux furent arrachés de leurs lits, et cruellement mis à mort.... Les soldats du bataillon de la Manche, tant ceux qui avaient déposé les armes à la *Fosse*, que ceux pris dans le château, furent incarcérés.... Charette somma Wieland de se rendre. Qu'eût fait l'infortuné commandant, sans vivres, sans munitions, avec moins de cent hommes découragés, contre une armée victorieuse et forte de près de dix mille hommes. Il accepta les conditions qui lui furent imposées, et s'estima fort heureux de sauver sa vie et celle de sa troupe. Hélas ! il était loin de prévoir que telle était l'aveugle fureur des deux armées, que la guerre se faisait à mort, que le soldat désarmé était égorgé sans pitié, et que la promesse que lui faisait Charette d'épargner ses malheureux compagnons, n'était qu'un sursis à leur exécution.

» On ne peut disconvenir que Charette ne mérite une place

dans le souvenir de la postérité : néanmoins, il est permis sans injustice, de douter que ce soit celle qui lui est assignée par ses partisans exaltés. Il montra sans doute l'intelligence du genre de guerre qu'il avait adopté ; il fit preuve de courage, d'activité et d'une persévérance qui étonna ses ennemis ; mais, soit qu'il fut persuadé que le massacre des républicains imposait à son armée la nécessité de se défendre contre de justes vengeances, soit par l'effet d'un caractère naturellement inhumain, il se livra fréquemment à de sanglántes représailles, qui n'avaient pas même le mérite de l'utilité. S'il ne semblait pas toujours les autoriser hautement, elles n'en avaient pas moins lieu par ses ordres secrets.

» Maître de l'île depuis deux jours, désireux de porter promptement ses armes ailleurs, et de profiter de l'espèce de terreur que la prise de Noirmoutier avait répandue parmi les républicains, il s'était empressé d'y rétablir l'ordre, d'y créer de nouvelles autorités, et n'avait témoigné, en quoi que ce soit, l'intention de violer la capitulation accordée aux vaincus. Il s'efforçait même de leur montrer une bienveillance qui faisait espérer, qu'à l'exemple du brave et généreux Bonchamp, il rendrait la liberté aux prisonniers, et les renverrait sur parole de ne jamais servir contre l'armée royale. Mais le troisième jour on fut bien détrompé : tous, à l'exception de Wieland (c'est ce qui le fit condamner à mort plus tard), furent conduits à Bouin. On leur adjoignit plusieurs habitants, des pères de famille, des femmes et des enfants. Là ils furent livrés à Pajot qui commandait alors cette ville, homme que son caractère abject et féroce n'a que trop fait connaître pendant cette horrible guerre, et dont, sans doute, Charette avait fait choix pour l'exécution de ses ordres sanguinaires.

» Pajot fit fusiller tous les volontaires du bataillon de la Manche, au nombre de cent quatre-vingts, et quelques habitants de Noirmoutier, parmi lesquels se trouvait François Richer (frère d'Edouard, notre ancien collègue). Cet intrépide jeune homme, tombé entre les mains des royalistes, à la *Fosse*, était parvenu à s'en échapper. Il arriva dans un village, y prit les habits d'un paysan, et accourut à la ville, pour y exciter la garnison et les habitants à se défendre. Il y fut repris, emprisonné, et de là conduit à Bouin. Avant de lui porter le coup fatal, on lui proposa de crier *vive le roi!* et de prendre parti dans l'armée royale. « Non, répondit-il, mon père est mort en républicain, je veux mourir comme lui. *Vive la République!* Fusillez-moi, voilà dix francs pour ceux qui sont chargés de mon exécution; je les prie de bien m'ajuster. » On ne lui fit pas longtemps attendre le trépas, et il le reçut avec une fermeté digne d'un meilleur sort. Puisque la justice commande un tribut d'éloges pour les belles actions dans les deux partis, ce trait héroïque doit être le moins oublié. La mort de Richer fils ne le cède en rien à celle de son valeureux père, et tous deux ont des droits à notre admiration et à nos regrets.

» La Convention nationale rendit un décret, par lequel elle déclara adopter les enfants Richer; mais il n'y eût qu'Edouard, l'un d'eux, qui tira quelque avantage de cette disposition. Il fut élevé à l'école de Saint-Cyr. » (*Mémoires laissés à mon fils*, par François Piet. Noirmoutier, de l'impr. de l'auteur, 1806, in-4°, livre IV, pag. 520-522). Cet ouvrage se trouve à la Bibliothèque publique de Nantes. L'exemplaire est un des seize publiés, nombre auquel l'auteur-imprimeur en borna le tirage. Il vient d'y être déposé, dix ans après sa mort, conformément à ses dispositions testamentaires.

N° II.

Jugement des habitants de Bouguenais.

Séance du 13 germinal, 2e année républicaine (2 *avril* 1794).

Ont été amenés devant la Commission militaire révolutionnaire établie au Mans, à la suite des armées réunies de l'Ouest et des côtes de Brest, actuellement séante à Nantes, les nommés :

1 Jean Guérin, âgé de 42 ans, natif des Couëts, commune de Bouguenais, district de Nantes.
2 Jean-Pierre Bertaud, âgé de 35 ans, natif de Bouguenais, etc.
3 Jean Moreau, âgé de 62 ans, etc.
4 Jean Le Sage, âgé de 42 ans, natif de la Bouvre, etc.
5 Pierre Rousseau, âgé de 59 ans, natif de Bouguenais, etc.
6 Louis Pontchâteau, âgé de 36 ans, natif de la Frenay, etc.
7 Jean Touzé, âgé de 59 ans, etc.
8 Jean Blinaut, âgé de 49 ans, etc.
9 Jean Bouteiller, âgé de 72 ans, natif de la Bouguinière, district de Nantes.
10 Mathurin Touzé, âgé de 36 ans, natif de la Coudray, etc.
11 Jacques Bondru, âgé de 60 ans, natif de la Bouguinière, etc.
12 Jacques Saurin, âgé de 39 ans, natif de la Girardery, etc.
13 Jean Vieux, âgé de 38 ans, natif de la Frenay, commune de Bouguenais, etc.
14 Barthélémy Tremar, âgé de 55 ans, natif de la Frenay, etc.
15 Olivier Gobin, âgé de 65 ans, natif de la Frenay, etc.
16 Jean Tenay, âgé de 40 ans, natif de Bouguenais.
17 Jean Lardière, âgé de 60 ans, etc.
18 Laurent Blanchard, âgé de 60 ans, natif de la Bouvre, etc.
19 Julien Aigront, âgé de..., natif de la Bouvre, etc.
20 Pierre Girart, âgé de 45 ans, natif de la Bouvre, etc.
21 Simon Hervé, âgé de 67 ans, etc.
22 François Olive, âgé de 48 ans, natif de Baudrois, commune de Bouguenais, etc.
23 Pierre Massu, âgé de 26 ans, etc.
24 Jean Martinet, âgé de 66 ans, etc.
25 Jean Bernard, âgé de 55 ans, etc.
26 Jean Lesage, âgé de 46 ans, etc.

27 Guillaume Madras, âgé de 38 ans, etc.
28 Julien Lévêque, âgé de 67 ans, etc.
29 Pierre Doreau, âgé de 53 ans, etc.
30 Guillaume Trouvel, âgé de 59 ans, etc.
31 Honoré Baudry, âgé de 46 ans, etc.
32 François Loirault, âgé de 41 ans, etc.
33 Joseph Touzeau, âgé de 35 ans, etc.
34 Jean Beautru, âgé de 56 ans, etc.
35 Pierre Chenaut, âgé de 25 ans, etc.
36 Pierre Rousseau, âgé de 46 ans, etc.
37 Hyacinthe Coupry, âgé de 67 ans, etc.
38 Mathurin Frinchet, âgé de 59 ans, etc.
39 Jean Corbineau, âgé de 56 ans, natif de la Hariodière, etc.
40 Clément Loirat, âgé de 48 ans, etc.
41 Jean Herdot, âgé de 15 ans, etc. (1)
42 Jean Babonneau, âgé de 18 ans, etc.
43 François Touzé, âgé de 18 ans, etc.
44 Jean Bonneau, âgé de 39 ans, etc.
45 Mathurin Bertaud, âgé de 43 ans, etc.
46 Jean Loirent, âgé de 13 ans, renvoyé.
47 Joseph Bouillé, âgé de 42 ans, etc.
48 François Blanchard, âgé de 27 ans, etc.
49 André Breau, âgé de 40 ans, etc.
50 Jean Piesseau, âgé de 18 ans, etc.
51 Pierre Lesage, âgé de 70 ans, etc.
52 Pierre Pessard, âgé de 70 ans, etc.

---

(1) Une pareille condamnation, que nous qualifions hautement d'atroce, sans parler de plusieurs autres contre des jeunes gens de 18 ans et des vieillards de 78, 76 et 75 ans, prouve la nécessité, si bien comprise par Robespierre et ses amis, de supprimer les tribunaux et commissions révolutionnaires des départements, qui abusaient ainsi des pouvoirs qu'ils tenaient de quelques représentants du peuple, en évoquant au tribunal de Paris tous les délits politiques. C'était élever la justice criminelle à la hauteur de la révolution et la rendre digne d'elle. Il faut, disait Saint-Just, que les hommes révolutionnaires soient des Romains et non pas des Tartares. Voir *l'Histoire parlementaire* de MM. Buchez et Roux-Lavergne, tom. XXXIII, p. 23, etc.

53 Isaac Tessier, âgé de 29 ans, etc.
54 François David, âgé de 46 ans, etc.
55 Pierre Gauthier, âgé de..., etc.
56 Noël Fortuneau, âgé de 58 ans, etc.
57 Guillaume Nory, âgé de 57 ans, etc.
58 Pierre Bureau, âgé de 44 ans, etc.
59 Jean David, âgé de 51 ans, etc.
60 Mathurin Loiraud, âgé de 70 ans, etc.
61 Pierre Robert, âgé de 60 ans.
62 André Florisson, âgé de 75 ans, etc.
63 Louis Chauvet, âgé de 25 ans, etc.
64 Charles Robertot, âgé de 19 ans, etc.
65 Mathurin Lesage, âgé de 75 ans, etc.
66 Michel Burot, âgé de 18 ans, etc.
67 Louis Eline, âgé de 70 ans, etc.
68 Nicolas Piesseau, âgé de 43 ans, etc.
69 Pierre Corbineau, âgé de 38 ans, etc.
70 Jean Neveu, âgé de 52 ans, etc.
71 Pierre Jeanneau, âgé de 72 ans, etc.
72 Guillaume Lesage, âgé de 40 ans, etc.
73 Hervé Tournery, âgé de 47 ans, etc.
74 Maurice Graton, âgé de 41 ans, etc.
75 Simon Houssaye, âgé de 18 ans, etc.
76 Jacques Boudot, âgé de..., etc.
77 Julien Clergeau, âgé de..., etc.
78 Julien Touzé, âgé de..., etc.
79 Pierre Boudot, âgé de..., etc.
80 Julien Loiraut, âgé de..., etc.
81 Antoine Pister, âgé de 40 ans, etc.
82 Jacques Angebot, âgé de 51 ans, etc.
83 Jacques Loussot, âgé de 30 ans, etc.
84 Pierre Orrient, ..., etc.
85 Pierre Guérin, 45 ans, etc.
86 François Blanchard, 18 ans, etc.
87 Bastien Moyard, 50 ans, etc.
88 Louis Clergeau, 70 ans, etc.
89 Jacques Guérin, 75 ans, etc.
90 Olivier Soulas, 65 ans, etc.

91 Pierre Tartru, 25 ans.
92 Jacques Baudru, ..., etc.
93 Nicolas Bertaud, 72 ans, etc.
94 Pierre Lesguiere, ..., etc.
95 Jean Giron, 58 ans, etc.
96 Pierre Pelletier, 27 ans, etc.
97 François Dupont, 50 ans, etc.
98 Louis Maret, 27 ans, etc.
99 Marc Maillard, 60 ans, etc.
100 Simon-Jacques Beautreux, 27 ans, etc.
101 Pierre Aurieux, ..., etc.

Séance du 13 germinal, de relevée.

Ont été amenés devant ladite Commission, les nommés :

102 Jacques Boudot, 60 ans, etc. (ou Boudaud, ci-devant procureur fiscal à Bouguenais).
103 Jacques-René Boudot, 35 ans, etc. (fils du précédent).
104 Julien Touzet, 54 ans, etc.
105 Pierre Brochard, 58 ans, etc.
106 Quentin Garnier, 54 ans, etc.
107 Jean Billou, 72 ans, etc.
108 Renault Renoizet, 65 ans, etc.
109 Pierre Gauthier, 40 ans, etc.
110 Julien Viot, 68 ans, etc.
111 Pierre Dillon, 17 ans, etc.
112 Pierre Guillou, 44 ans, etc.
113 Pierre Bichon, 50 ans, etc.
114 Jean Mocart, 75 ans, etc.
115 René Cossart, 59 ans, etc.
116 André Heurtin, 26 ans, etc.
117 Simon Povereau, 55 ans, etc.
118 Louis Moreau, 27 ans, etc.
119 Jean Lesage, 48 ans, etc.
120 Pierre Richon, 28 ans, etc.
121 Simon Ingrand, 78 ans, etc.
122 Jean Dutel, 44 ans, etc.
123 Pierre de Launay, 76 ans, etc.

124 Jean Bertrand, 41 ans, etc.
125 Mathurin Bertrand, 26 ans, etc.
126 Mathurin Bonssaint, 32 ans, etc.
127 François Fortuneau, 26 ans, etc.
128 Pierre Mosnier, 34 ans, etc.
129 Joseph Maillard, 58 ans, etc.
130 Pierre.Guérin, 33 ans, etc.
131 Pierre Leroy, 67 ans, etc.
132 Mathurin Rousseau, 60 ans, etc.
133 Pierre Durel, 39 ans, etc.
134 Mathurin Bureau, 56 ans, etc.
135 Pierre Maillard, 40 ans, etc.
136 André Brisson, 52 ans, etc.
137 Pierre Salmon, 52 ans, etc.
138 Jacques Visenot, 40 ans, etc.
139 Jacques Fortuneau, 43 ans, etc.
140 Pierre Vinet, 36 ans, etc.
141 Pierre Moidon, 45 ans, etc.
142 Mathurin Rousseau, 63 ans, etc.
143 Jean Monnier, 32 ans, etc.
144 Antoine Mocart, 35 ans, etc.
145 Pierre Liamart, 30 ans, etc.
146 André Moidon, 34 ans, etc.
147 Bastien Moidon, 34 ans, etc.
148 Jean Roquet, 38 ans, etc.
149 André Launay, 45 ans, etc.
150 Jean Brisson, 45 ans, etc.
151 Pierre Liotté, 25 ans, etc.
152 Jean Lucas, 35 ans, etc.

La Commission militaire révolutionnaire, après avoir entendu les accusés dans leurs interrogatoires et défenses verbales, ensemble l'accusateur militaire ouï dans ses conclusions, déclare les dénommés ci-dessus atteints et convaincus d'avoir porté les armes contre la République, dans l'armée des rebelles; en conséquence, les condamne à la peine de mort, conformément à la loi du 19 mars dernier, ordonne qu'à la diligence de l'accusateur militaire, le présent jugement sera exécuté dans les vingt-quatre heures, et que leurs biens sont acquis et confisqués au profit de la République. Fait en l'audience publique, les jour et an que dessus, où présidait Bignon, et assistaient Wolff, Chanterelle et Aude, juges, et ont signé :

BIGNON, faisant les fonctions de président; WOLFF, juge; AUDE, juge; CHANTERELLE, juge; David VAUGEOIS, accusateur militaire; LE CAMUS, greffier.

Séance du 14 germinal, 2e année républicaine. (3 *avril* 1794.)

Ont été amenés devant la Commission militaire révolutionnaire, les nommés :

153 Julien Clergeot, 45 ans, natif de Bouguenais, district de Nantes.
154 Julien Noirot, 45 ans, etc.
155 Julien Barthélemy, 26 ans, natif de Vertou, district de Nantes.
156 Jean de Launay, 50 ans, natif de Bouguenais, etc.
157 Jean Maret, 47 ans, etc.
158 Mathurin Lucas, 45 ans, etc.
159 Mathurin Noizel, 35 ans, etc.
160 Joseph Couard, 45 ans, etc.
161 René Thoumurot, 48 ans, etc.
182 Guillaume Orderenau, 45 ans, etc.
163 Lucas Bachelier, 65 ans, etc.
164 Pierre Ayes, 50 ans, etc.
165 Pierre Lesage, 45 ans, etc.
166 Jean Bureau, 36 ans, etc.
167 François Bernard, 45 ans, natif de Cambon, district de Nantes.
168 Pierre Saurin, 54 ans, natif de la Chevrolière, district de Machecoul.
169 Jean Leroy, 60 ans, natif de Château-Thébaut, district de Clisson.
170 Hyacinthe Lucas, 45 ans, natif de Bouguenais, etc.
171 Pierre Briand, 45 ans, etc.
172 Jacques Raboteau, 55 ans, natif de Lortet, district de Savenay.
173 Pierre Bautru, 30 ans, natif de Bouguenais, etc.
174 Maurice Arrieux, 33 ans, etc.
175 Pierre Couseau, 28 ans, etc.
176 Jean Bertaud, 26 ans, etc.

177 Pierre Saurin, 17 ans, etc.
178 Olivier Soula, 26 ans, etc.
179 Pierre Clergeot, 27 ans, etc.
180 Mathurin Rousseau, 26 ans, etc.
181 Pierre Landrin, 17 ans, etc.
182 Joseph Orderneau, 33 ans, etc.
183 Jean Landrin, 24 ans, etc.
184 Pierre Orieux, 56 ans, etc.
185 Pierre Guillet, 40 ans, etc.
186 Pierre Duteil, 31 ans, etc.
187 Julien Rousseau, 54 ans, etc.
188 René Buot, 44 ans, etc.
189 Jean Landrin, 55 ans, etc.
190 Pierre Moreau, 37 ans, etc.
191 Blaise Lemerle, 54 ans.
192 René Olive, 32 ans, natif de Vertou, domicilié à Bouguenais, etc.
193 Pierre Morisseau, 41 ans, natif de Pont-Saint-Martin, district de Nantes.
194 Jacques Guerrain, 52 ans, natif de Bouguenais, etc.
195 François Chiffarge, 64 ans, natif de Flayat, demeurant à Bouguenais.
196 Thomas Ganel, 55 ans, natif de Bouguenais, etc.
197 Olivier Leger, 42 ans, etc.
198 René Prault, 52 ans, etc.
199 Jean Egron, 49 ans, etc.
200 Jean David, 65 ans, etc.
201 Pierre Liotet, 52 ans, etc.
202 Jacques de Launay, 42 ans, etc.
203 Charles Berthaud, 38 ans, etc.
204 Mathurin Léan, 34 ans, etc.
205 Jean Rousseau, 36 ans, etc.
206 François Donneau, 40 ans, etc.
207 Pierre Amand, 28 ans, etc.
208 Jean Aubin, 27 ans, etc.
209 Jean Brochard, 18 ans, etc.
210 Pierre Bertrand, 25 ans, etc.

La Commission militaire, après avoir entendu les accusés dans leurs interrogatoires et défenses verbales, l'accusateur militaire ouï dans ses conclusions, déclare les dénommés ci-dessus atteints et convaincus d'avoir porté les armes contre la République, dans l'armée des rebelles; en conséquence, leur applique la loi du dix-neuf mars dernier, et les condamne à la peine de mort énoncée dans ledit article, déclare leurs biens acquis et confisqués au profit de la République; ordonne qu'à la diligence de l'accusateur militaire, le présent jugement sera exécuté dans les vingt-quatre heures, et que copie du présent sera envoyé au Ministre de la guerre, à l'administration des domaines nationaux et à la régie nationale de l'enregistrement et des domaines. Fait en l'audience publique, où présidait Bignon et assistaient Wolff, Chanterelle et Aude, juges de ladite Commission, les jour et an que dessus, et ont signé :

Bignon, faisant les fonctions de président; Wolff, juge; Chanterelle, juge; Aude, juge; David Vaugeois, accusateur militaire; Le Camus, greffier.

(*Registre des jugements rendus par la Commission militaire révolutionnaire établie au Mans le 24 frimaire an II, et finie le 1er messidor même année, pag.* 165-81, conservé au greffe du Tribunal de première instance de Nantes.)

N° III.

Liberté, Égalité, Fraternité.

Nantes, le 6 brumaire, 3e année républicaine (27 octobre 1794).

Citoyens membres du comité de surveillance de la Société populaire de Nantes, c'est pour vous faire part de l'injustice rendue à deux cents et quelques individus de la commune de Bouguenais, tous pris chez eux, à leurs travaux, de la part de la troupe du château d'O, qui les avait engagés de les suivre, en leur disant que leur municipalité allait se trouver au château, pour leur donner des certificats de civisme. Nous eûmes un mandement de la Commission militaire, de nous trouver au château avec eux, pour donner quelques renseignements sur les détenus. Sitôt que nous voulûmes dire quelque chose, on nous fit la défense de ne rien dire, et même de plus, un instant après être arrivés, de neuf que nous étions, la Commission militaire fit incarcérer six de mes collègues, qui l'ont été neuf jours. Le jugement qu'elle a rendu à ces individus a été d'en prendre les noms, âges et demeures; et, de là, ils ont été envoyés par quinze à la fusillade. Salut et fraternité.

Votre concitoyen Jean-Baptiste Delormeau, notable de la commune de Bouguenais.

(*Original communiqué par M. Bizeul, de Blain.*)

Il y a à observer sur cette lettre, qui renferme d'ailleurs des détails vrais, qu'elle a été écrite à une époque de réaction, où on ne se faisait pas faute des imputations les plus odieuses, et qu'elle émane d'un homme qui s'était constitué comme une sorte de dénonciateur des républicains (il existe plusieurs autres lettres de lui analogues). Cette double circonstance l'infirme dans tout ce qui ne concorde pas avec le récit du général Hugo et les autres pièces justificatives. Il est, en effet, impossible d'expliquer par la trahison, ce qui fut le simple résultat d'une razzia pratiquée dans la commune, pour y extirper le brigandage quotidien, exercé sur la force armée et les patriotes de Nantes. Les habitants de Bouguenais n'étaient pas assez fous, à cette époque d'acharnement réciproque, pour se rendre au château d'Aux, chercher des certificats de civisme, s'ils n'y eussent été contraints. La municipalité réfugiée à Nantes, n'avait été appelée que pour indiquer ceux qui n'avaient pas pris parti dans l'insurrection. Voilà ce qui nous paraît être la vérité, tout en reconnaissant que ces jugements, ou plutôt *fournées*, sont bien plus propres à compromettre une bonne cause qu'à la servir. *Bona bonis*, les bonnes causes par les bons moyens.

N° IV.

Jugement de la Municipalité de Bouguenais.

Séance du 19 *germinal*, 2e *année républicaine* (8 *avril* 1794).

AU NOM DE LA LOI.

La Commission militaire révolutionnaire s'est transportée à la maison d'arrêt du Sanitat, où est détenue une partie de la municipalité de Bouguenais, en vertu d'un mandat d'arrêt décerné contre eux, par l'accusateur militaire de ladite Commission, en date du 13 présent mois, pour avoir signé et donné des certificats de civisme à des particuliers de Bouguenais, jugés à mort par la Commission, comme ayant servi parmi les brigands.

La Commission militaire, après avoir entendu son accusateur, et le rapport qu'il lui a fait que, d'après les recherches et renseignements pris sur ladite municipalité, il résulte qu'il y a plus de négligence dans leur conduite, que d'intention de nuire à la chose publique, en délivrant des passeports et certificats de civisme à des individus qu'ils avaient perdus de vue depuis plus de treize mois, et prenant en considération leur civisme, et la délibération de ladite commune, séante à Nantes, en date du 3 nivôse, par laquelle elle expose que les habitants n'étant pas tranquilles, et se trouvant même en état d'insurrection, elle déclare nuls les certificats délivrés jusqu'à ce jour ;

En conséquence de toutes les raisons ci-dessus, et de la détention de ladite municipalité, depuis le 13 du présent mois, ordonne que les citoyens Clergand, maire ; Augustin-Alexis

Gorgette, agent national; Mathurin Assailly, Jean Lefèvre, officiers municipaux ; Joseph Normand, Jullien Ordreneau, notables de la commune de Bouguenais, réfugiés à Nantes depuis treize mois, seront sur le champ mis en liberté, leur détention étant suffisante pour les punir de la négligence qu'ils ont apportée dans leurs fonctions, en délivrant des certificats de civisme à des personnes qu'ils avaient quittées depuis longtemps.

Fait et donné en l'audience publique, tenue les jours et an que dessus, en la maison d'arrêt du Sanitat, où présidait Bignon, etc.

(Pag. 187-88 du *Registre des jugements de la Commission*).

N° V.

Cérémonie funèbre célébrée à Bouguenais, en 1816.

« Au mois d'avril 1794, un grand nombre d'habitants de Bouguenais, défendant la cause du roi, furent arrêtés par les soldats républicains et conduits au château d'Aux, qui était alors occupé par un poste de 12 à 15 cents hommes. Ils y furent fusillés et enterrés dans six fosses, placées en dehors et à une petite portée de fusil des murs du parc.

» Les parents de ces malheureuses victimes ont demandé et obtenu de M. le préfet (Brosses) la permission de transporter leurs restes dans le cimetière, et de leur rendre les derniers devoirs. Le préfet, ne pouvant s'y transporter lui-même, a délégué un conseiller de préfecture, M. Dufort, ancien lieutenant-colonel d'artillerie, chevalier de Saint-Louis, pour assister à cette religieuse cérémonie, et le jour a été fixé au 15 mai.

» Le 14, on a extrait les ossements. Les corps avaient été enterrés par des gens du pays, requis à cet effet par les troupes républicaines. Ils étaient rangés en une seule couche dans chaque fosse. Les os étaient tout-à-fait décharnés, l'odeur très-faible, et l'exhumation s'est faite sans aucun accident. Les ossements ont été déposés en un tas, couvert d'une tente, et une garde y a passé la nuit.

» Le 15 au matin, on a chargé les ossements dans quatre tombereaux. Le convoi s'est mis en marche à dix heures et est arrivé à midi dans l'église de Bouguenais. Il était escorté par un détachement de la garde nationale royale de Bouguenais, à pied et à cheval, et un détachement de la gendarmerie à cheval. Près de deux mille personnes le suivaient.

» Le recueillement le plus grand et le silence le plus profond ont régné pendant toute la marche, et n'étaient interrompus que par les pleurs et les gémissements d'un grand nombre de femmes qui suivaient le convoi.

» A l'entrée du bourg de Bouguenais, on a ôté de dessus les tombereaux trois cercueils dans lesquels on avait déposé quelques ossements destinés à entrer dans l'église. Le premier était recouvert d'un drap mortuaire, dont les quatre coins étaient portés par le conseiller de préfecture délégué ; le maire de Bouguenais, M. de la Tocnaye, chevalier de Saint-Louis ; M. de Liniers, commandant la garde nationale et royale de l'arrondissement de Paimbœuf, et M. Monnier, lieutenant-colonel de celle de Saint-Philbert.

» Le service a été célébré par le curé de Bouguenais, assisté des curés de Bouaye, de Rezé, de Saint-Herblain et de la Basse-Indre.

» Pendant le service, les quatre tombereaux avaient été déchargés dans une fosse creusée dans le cimetière. Après le service, les trois cercueils y ont été portés et déposés dans la même fosse.

» Pendant l'inhumation, le cimetière était absolument rempli de personnes à genoux, dont un grand nombre pleurait et appelait l'un son père, l'autre son frère, son mari, et ce spectacle était vraiment déchirant.

» On ne peut que faire l'éloge de la décence et du bon ordre avec lequel s'est faite cette triste et pieuse cérémonie. On y voit une nouvelle preuve du bon esprit des habitants de la commune de Bouguenais.

» On estime à environ quatre cents le nombre des victimes exhumées des six fosses. » (*Journal de Nantes et de la Loire-Inférieure*, du 18 mai 1816, n° 950, pag. 3 et 4.)

Quelques jours avant cette cérémonie funèbre, on lisait dans des arrêtés et proclamations, datés de Grenoble, les 7 et 8 mai, et signés du préfet de l'Isère, comte de Montlivault, ou du lieutenant-général du Roi Donadieu :

« Considérant que la justice et la vindicte publique exigent que tous ceux qui ont pris part à la sédition à main armée qui a eu lieu dans la nuit du 4 au 5 mai, soient inexorablement poursuivis et livrés à la Cour prévôtale ; que la sûreté générale demande que tous moyens de refuge et de défense leur soient enlevés ; arrête, par mesure de haute police et de sûreté générale :

Art. 1. Les habitants de la maison dans laquelle sera trouvé le sieur Didier (principal auteur du mouvement insurrectionnel), seront livrés à une commission militaire, pour être passés par les armes.

Art. 2. Il est accordé à celui qui livrera, mort ou vif, ledit sieur Didier, une somme de trois mille francs pour gratification. . . . .

Art. 4. Toute personne convaincue de donner asyle aux rebelles qui ont marché contre Grenoble, dans la nuit du 4 au 5 mai, sera considérée comme complice et poursuivie criminellement comme telle.

Art. 5. Une récompense, depuis 100 fr. jusqu'à 3,000 fr., est promise à tous ceux qui livreront les auteurs, chefs ou fauteurs de la rébellion.

Que les mauvais citoyens tremblent !... Quant aux rebelles, le glaive de la loi va les frapper.

Le lieutenant-général, *Le préfet de l'Isère,*

Donadieu. Comte de Montlivault.

Voilà comme entendaient la charité des gens qui s'octroyaient le monopole de la religion ! Ils traitaient le respect du malheur comme un crime envers eux, et poussaient, par la corruption du cœur et la vénalité, à l'infraction du saint droit d'asile, à l'impiété pour l'infortune, que l'antiquité païenne réputait être sacrée (*Res sacra miser*).

Nantes, Imp. de Mme veuve C. Mellinet.

www.ingramcontent.com/pod-product-compliance
Ingram Content Group UK Ltd.
Pitfield, Milton Keynes, MK11 3LW, UK
UKHW022154190726
13855UKWH00004B/1479